AF466283

NOTICE

SUR Mgr.

L'ARCHEVÊQUE DE PARIS,

(HYACINTHE-LOUIS DE QUÉLEN);

SA VIE, SA MORT.

ORDRE ET DÉTAIL DES CÉRÉMONIES

De l'Exposition de son Corps

ET DES PROCESSIONS DE TOUTES LES PAROISSES

A NOTRE-DAME.

JOUR ET HEURE DES FUNÉRAILLES.

PARIS,

IMPRIMERIE DE BEAULÉ,

Rue François Miron, 8, derrière l'Hôtel-de-Ville.

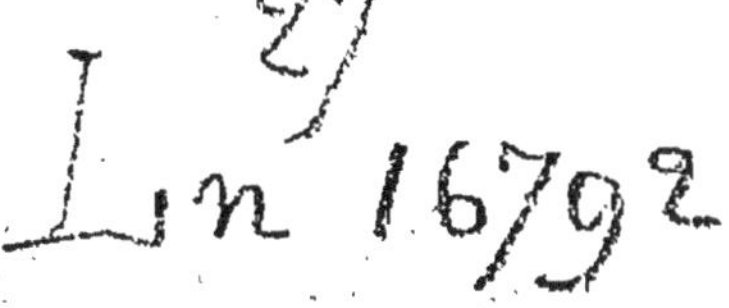

NOTICE

SUR

Mgneur L'ARCHEVÊQUE DE PARIS.

La tombe s'est ouverte pour le premier Pontife de l'Église de France.

Mgr. Hyacinthe-Louis DE QUELEN, archevêque de Paris, est mort en cette ville, le dernier jour de l'année 1839, mardi 31 décembre, à dix heures du matin, après une longue et douloureuse maladie.

Né à Paris, le 8 octobre 1778, il n'était encore âgé que de soixante-un an, et il avait tenu pendant dix-huit ans le siége archiépiscopal, en étant devenu titulaire, le 20 octobre 1821, par la mort de Mgr. le cardinal Talleyrand de Périgord, dont il était coadjuteur.

M. de Quélen s'est trouvé dans des circonstances difficiles. Il a eu beaucoup à souffrir des émeutes populaires et des désordres affligeans que les révolutions entraînent ordinairement avec elles ; mais il eût peut-être été facile de les faire tourner à la gloire de l'église et d'en profiter même pour rallier autour des autels tant d'esprits moins méchans qu'égarés.

Aussi le souverain pontife, tout en louant dans l'archevêque de Paris cette tendre et vive piété qui faisait le fond de son caractère, lui a-t-il sans cesse conseillé de renoncer à cette opiniâtreté regrettable qui lui faisait méconnaître les intentions et les actes d'un gouvernement sage, conciliateur et bienveillant, approuvé et félicité de Rome même pour son application constante à ménager et à combiner, avec les intérêts de la France, les intérêts de la religion. Les conseils et les exemples du chef suprême de l'église auraient dû avoir la même influence sur la conduite du premier prélat dans le royaume très-chrétien, que sur celle de tout le corps épiscopal dont on ne saurait trop louer l'admirable sagesse dans ces temps difficiles.

Nous ne devons ni ne voulons suivre au milieu des dures circonstances où il s'est trouvé, comme homme politique, le grand évêque qui vient de monter à Dieu. En ces jours où la mort plonge les fidèles de la capitale dans le deuil, souvenons-nous seulement, pour nous servir des propres expressions du *Journal de Paris* et de la *Gazette de France*, souvenons-nous seulement que Mgr. de Quélen a vivifié la foi religieuse par son exemple, par ses vertus, par ses instructions pastorales qu'animait l'esprit de foi et de charité.

Ajoutons avec le *Journal de Paris,* que son dévoûment et son courage à l'époque du choléra, étonnèrent la philosophie, désarmèrent l'esprit du parti, et le rangent parmi les héros du christianisme.

Que la critique se taise donc sur sa tombe! L'homme de Dieu n'a plus pour juge, selon ses belles et touchantes expressions au lit de la mort, que celui qu'il a aimé.....

En attendant une notice plus complète, nous donnerons quelques rapides détails sur la vie et la mort de M. de Quélen, et nous y ajouterons quelques passages du mandement publié par MM. les vicaires-généraux capitulaires à l'occasion de son décès et de ses funérailles.

Comme nous l'avons déjà dit, M. de Quélen naquit à Paris, mais d'une ancienne famille de Bretagne, et il était parent des ducs de la Vauguyon.

Son frère, qui avait été soldat de la république, devint écuyer de la mère de Napoléon.

Pour lui, il se destina dès son enfance à l'état ecclésiastique, et il fit ses études au séminaire de Saint-Sulpice dans les premiers temps où cette précieuse école fut rétablie.

Admis, sous les auspices de son frère, dans la maison de M. le cardinal Fesch, oncle de l'empereur, il suivit le cardinal dans son exil, lorsque celui-ci fut disgracié, et il refusa d'accepter une place de chapelain que M. l'abbé de Pradt avait obtenu pour lui auprès de l'impératrice Marie-Louise. Plus tard il revint à Paris et il y resta jusqu'à la restauration, comme simple prêtre habitué à l'église de Saint-Sulpice.

Au retour des Bourbons, Mgr. le cardinal de Talleyrand lui fit partager la confiance dont Louis XVIII l'honorait lui-même, et

M. de Quélen fut nommé vicaire-général de la grande aumônerie. Il prit part aux négociations qui eurent lieu pour le concordat de 1817, et fut sacré évêque de Samosate le 28 octobre de la même année. Alors M. le cardinal de Périgord, archevêque de Paris, le demanda et l'obtint pour coadjuteur, avec droit de future succession, et il reçut le titre d'archevêque de Trajanapole.

Devenu archevêque titulaire par la mort de Mgr. de Talleyrand, qui arriva le 20 octobre 1821, il montra pendant tout le temps de la restauration beaucoup de fermeté jointe au plus grand zèle. Membre de la chambre des pairs, il s'y fit remarquer en 1824, pour son opinion contre le remboursement des rentes. La même année il remplaça le cardinal de Beausset à l'académie française, dont il était un des membres les plus distingués par la pureté de son langage, la grâce et l'élégance de son style. On peut en juger par ses mandemens.

Par ses antécédens comme par ceux de sa famille, M. de Quélen ne méritait pas la colère du peuple, et il était digne d'un meilleur sort que celui auquel il s'était condamné depuis le pillage et la démolition de l'archevêché.

Élevé au milieu des grands seigneurs de l'ancien régime, M. de Quélen en avait conservé les manières et les idées ; mais ayant vécu avec les hommes les plus distingués de la république et de l'empire, il avait conservé à leur égard ces nobles sentimens de sympathie qu'inspire aux cœurs bien faits une digne ressemblance suivie d'une réciprocité honorable de procédés généreux.

Prélat plein d'une vive et profonde piété, il fut l'ami constant des pauvres et des orphelins, le soutien intrépide du malheur, et son inépuisable charité n'a pas même laissé de quoi fournir aux frais de ses funérailles. On sait qu'il avait tout perdu dans le sac de l'archevêché : meubles, livres, tableaux, argent et papiers, et que, dans le tourbillon de l'émeute, disparurent aussi 213,000 fr., prix touché quelques jours auparavant pour la vente d'une propriété appartenant non à lui, mais à son frère.

SA MALADIE.

Mgr. l'Archevêque était souffrant depuis long-temps. Une lettre de MM. les vicaires-généraux, datée du 22 décembre et lue le même jour, après l'office du soir, dans toutes les églises de Paris, vint informer les fidèles que, depuis la veille, le Prélat avait été pris d'une fièvre violente, et que le mal faisait les plus rapides progrès.

Aussitôt LL. MM. le Roi et la Reine, et un peu plus tard, dans la soirée, LL. AA. RR. Mgr. le duc et Mme la duchesse d'Orléans, envoyèrent des personnes de leur maison s'informer de la santé du vénérable malade; l'état de faiblesse dans lequel il se trouvait ne permit pas qu'on l'instruisît de suite du haut intérêt dont il était l'objet; mais aussitôt qu'il en fut informé, il parut vivement touché et s'empressa d'envoyer un de ses grands-vicaires pour offrir ses remercîmens à LL. MM. et à LL. AA. RR.

La maladie s'agravant, Mgr. de Quélen fut administré solennellement, le 26, dans l'appartement qu'il occupait, rue de Varennes, au couvent du Sacré-Cœur, et il répondit lui-même à toutes les prières avec une touchante expression de piété. Après la réception du saint viatique, il se recueillit profondément et adressa à son Chapitre et à tous les assistans quelques paroles qu'il termina ainsi :

« J'espère qu'appuyé sur les mérites infinis de N. S. J.-C. et sous la conduite de l'*Étoile de la mer*, j'arriverai au port ; si j'ai ce bonheur, je prierai Dieu de me laisser sur le rivage de l'éternité, pour vous y recevoir tous et pour vous donner, à votre arrivée, le baiser fraternel. »

Dans la nuit du 29 au 30 décembre, vers quatre heures et demie, il avait demandé la sainte communion qu'il recevait tous les jours, à la même heure, depuis l'administration des derniers sacremens. Elle lui fut portée par deux de ses secrétaires, auxquels s'adjoignirent quelques dames religieuses du Sacré Cœur accompagnant le Saint-Sacrement, des flambeaux à la main. Après avoir reçu le corps de N. S., assis dans son fauteuil (car depuis quelques heures, ne pouvant plus supporter le lit à cause des étouffemens continuels qu'il éprouvait, il s'était fait mettre dans son fauteuil, où il est resté jusqu'à la fin), et s'être recueilli un instant, il adressa aux religieuses ses derniers adieux, ses derniers remercîmens pour l'hospitalité généreuse qu'elles ont exercé envers lui si long-temps, partageant cet honneur avec les dames de Saint-Michel. Mgr. leur donna sa bénédiction en leur recommandant de ne pas l'oublier dans leurs prières et bonnes œuvres: *c'est votre père mourant qui vous le demande*, ajouta-t-il; puis il permit à chacune d'elles de venir baiser son anneau pastoral, et, au milieu des sanglots que ses paroles avaient fait éclater, lui seul conserva son calme et sa sérénité ordinaires. Il demanda à rester seul pour faire son action de graces, puis, au bout de quelque temps, il fit venir ses deux secrétaires, qu'il fit mettre à genoux à ses côtés, et s'entretint avec eux de sa fin prochaine, les remercia des soins qu'ils prenaient de lui, leur recommandant d'être les interprètes de sa reconnaissance auprès des Dames de Saint-Michel, qu'il n'avait pu revoir depuis la fin de septembre dernier, et les chargea de leur porter sa dernière bénédiction. La journée qui suivit cette nuit de désolation fut mauvaise. L'étouffement continuait toujours et augmentait de plus en plus. Pas une plainte ne sortait de sa bouche. Calme et résigné à la volonté de Dieu, il supporta des douleurs atroces avec cette patience chrétienne que Dieu donne aux siens, et eut, jusqu'au bout, le courage de s'occuper des affaires du diocèse, de ses affaires particulières et des dispositions relatives à ses funérailles, qu'il recommanda de faire avec la plus grande simplicité. Il ordonna surtout qu'on fît transporter son corps à la métropole, dans une chapelle ardente, en attendant le jour des obsèques, *afin*, dit-il, *d'être présent à toutes les messes qui seront dites pour le repos de mon ame.* Il reçut les adieux de sa famille fondant en larmes, leur fit les siens avec la tendresse dont son cœur était pénétré pour ceux qui lui appartenaient, et avec le calme qui ne l'a jamais quitté ; seulement il s'attendrit et versa des larmes à la vue de deux jeunes enfans, son neveu et filleul, et sa nièce, sur la tête desquels il posa sa main en leur recommandant d'être fidèles à Dieu et de se souvenir de lui : *Soyez dignes de votre père et de votre mère,* et il les bénit. Cette scène fut déchirante. Pendant le cours de cette journée, il reçut toutes les personnes qui se présentèrent pour recevoir sa bénédiction, les accueillit avec bonté, et ne parut pas fatigué de tant d'émotions. Il resta quelque temps enfermé avec Mgr. l'internonce apostolique qui sortit de sa chambre les larmes aux yeux. Il permit à ses anciens serviteurs de venir lui baiser la main, leur adressa quelques mots, et versa des larmes à la vue de son fidèle René, attaché à sa personne depuis 27 ans, et dont l'attachement sans bornes à son maître, éprouvé dans sa bonne et sa mauvaise fortune, est connu de tout le diocèse: *Il faut nous quitter mon bon René*, lui disait-il en lui serrant les mains. Plusieurs curés lui furent aussi présentés : il les bénit, ainsi que leurs paroisses, en recommandant de faire prier pour lui.

Son état douloureux ne l'avait pas empêché de publier une lettre pastorale en faveur des orphelins du choléra, qu'il ne voulait pas laisser sans ressources en mourant. Le nombre de ces pauvres enfans, placés par les soins de M. de Quélen dans diverses maisons d'éducation ou en apprentissage, ou enfin assistés régulièrement à domicile, était, au jour de sa mort, de 1104, et 548 restent encore à la charge de l'œuvre fondée par les soins du charitable pontife.

Le 30 décembre au soir, il voulut qu'un de ses grands vicaires allât chez M. le Directeur, M. le Secrétaire et MM. les membres de l'Académie Française, qui étaient venus le visiter, tant le prélat a eu jusqu'à sa fin le sentiment des convenances.

Il répétait souvent à M. le vicomte de Quélen, son frère, qui le tenait étroitement serré contre son cœur : « Surtout, mon cher Alphonse, fais en sorte que l'on sache bien qu'en mourant je n'emporte aucune amertume contre qui que ce soit, et que je pardonne de tout mon cœur à ceux qui m'ont fait quelque mal. »

Depuis plusieurs jours des prières publiques se faisaient pour sa conservation, dans toutes les églises, et surtout au tombeau de Ste.-Geneviève, où affluait une foule considérable.

SES DERNIERS MOMENS, SA MORT, EXPOSITION DE SON CORPS.

Dans la nuit du 29 au 30, vers trois heures du matin, les personnes qui veillaient dans une pièce voisine furent averties que le danger devenait de plus en plus imminent. On lui proposa la communion. *Pourquoi à cette heure?* répondit-il, après avoir regardé la pendule. *Monseigneur*, lui dit l'abbé Surat, son secrétaire intime, *nous avons les clefs de la chapelle, et nous ne dérangerons personne de la communauté. A la bonne heure*, répliqua le prélat. *Allons, c'est aujourd'hui le dernier jour de l'année ; c'est un jour d'action de graces, sanctifions-le par la communion.*

Cependant cette crise se passa, et la tranquillité revint : les douleurs s'apaisèrent un peu. Il profita de ce temps pour s'entretenir avec M. l'abbé Jammes et pour régler encore quelques affaires.

Ses mains commençaient à se refroidir. Attribuant cet incident à la température, il pria qu'on lui fît chauffer des serviettes pour les envelopper. La vicomtesse de Quélen, sa belle-sœur, qui a partagé avec son mari le bonheur de servir dans ses derniers jours un frère qui leur était si cher, lui offrit son manchon. Mgr. le prit et y mit ses mains. Se regardant dans cette position, sa gaîté lui revint encore, et il plaisantait en considérant un archevêque en manchon. Cependant le mal faisait de tels progrès que ce dernier moyen de le réchauffer lui parut trop lourd pour ses bras affaiblis. Il mit le manchon de côté ; mais, pensant à la satisfaction qu'il procurait à sa belle-sœur en se servant, pour éprouver un peu de bien-être, d'un objet qui lui appartenait, il le reprit avec un sourire, en disant : *Je le porterai bien encore.* Sa prière ne discontinuait pas au milieu de ces circonstances. C'est alors qu'il dit avec la plus douce confiance ces paroles d'amour et de foi. *Je vais paraître devant un juge que j'ai toujours aimé et que j'aime encore.*

Enfin le moment fatal arrivait. Il entra en agonie à neuf heures et demie, unissant ses souffrances à celles de Notre Seigneur; alors on lui demanda sa dernière bénédiction pour son clergé, son diocèse et la France. De tout mon cœur, s'efforça-t-il de répondre; et, levant seul sa main défaillante, il eut encore la force de former la croix sur les assistans. Quelques minutes après, M. l'abbé Surat lui demanda s'il désirait recevoir l'absolution. Non, mon ami, je vous remercie; je ne crois pas en avoir besoin, dit-il d'une voix éteinte : dernier mot d'une ame pure, d'une conscience droite et d'un cœur confiant en Dieu.

Il rendit cette âme à son créateur à 9 heures 3/4, entouré de ses prêtres, de sa famille, de ses amis, dont les sanglots annoncèrent à ceux qui n'avaient pu entrer dans la chambre la perte que l'Eglise et le diocèse de Paris venaient de faire.

Son corps revêtu des habits pontificaux avait d'abord été exposé sur un lit de parade dans l'appartement qu'il occupait au couvent du Sacré-Cœur ; mais on fut bientôt obligé, à cause de l'affluence des fidèles, de le transporter, après l'avoir embaumé, dans la chapelle de la communauté, où il fut placé sur un riche catafalque, au milieu du sanctuaire. Le concours fut immense, et parmi les fidèles on vit s'agenouiller les hommes les plus illustres. Ainsi le samedi on fut vivement ému en contemplant, prosterné dans le sanctuaire, auprès du docteur Récamier, l'immortel Chateaubriand, qui répandait, en priant, des larmes amères sur celui qui fut à la fois son pasteur et son ami.

Enfin on transféra ces vénérables dépouilles à l'église Notre-Dame, dans la nuit du samedi 4 au dimanche 5 janvier. Une chapelle ardente a été préparée dans la chapelle de la Sainte-Vierge, derrière le chœur, où toutes les paroisses et les fidèles de Paris viennent prier religieusement pour le repos de son ame, et jeter l'eau bénite sur son corps.

Le bruit s'était répandu que dès vendredi le corps de Mgr. l'archevêque serait exposé dans la métropole, et pendant toute la journée du vendredi et du samedi une foule immense encombrait les saints parvis. Le troupeau privé de son pasteur, veut le voir encore une fois, et demande des enseignemens jusqu'à son cercueil. Telle est la vertu des serviteurs de Dieu, qu'ils sont puissans même dans la mort.

On cite plusieurs traits admirables de la bienfaisance de M. de Quélen. Nous nous bornerons à en rapporter un seul, dont l'authenticité est hors de doute.

« Nous recevons, dit la *Gazette de France,* la lettre suivante, qui honore son auteur en même temps qu'elle révèle un trait de charité chrétienne du respectable prélat dont nous déplorons la perte :

« AU RÉDACTEUR.

» Monsieur,

» En apprenant la mort de Mgr. l'archevêque de Paris, je ne puis résister au désir » de faire connaître, à ses amis et à ses ennemis, un trait de la générosité de ce vénérable chef de l'église parisienne.

» Un homme de lettres appartenant au » *parti démocratique,* se mourait, en proie » aux tortures d'une affreuse maladie pro» duite par le travail et la misère; il en était

» à ce point où celui qui souffre, n'attendant » rien de la compassion humaine, s'adresse » à Dieu dont la miséricorde est infinie. » M. de Quélen, prévenu de ce qui se passait » au domicile du moribond, s'empressa (bien » qu'il eût eu à se plaindre de *l'écrivain*) d'y » faire déposer, par l'entremise du respectable » abbé de L.., tous les secours que nécessitait » la circonstance. Ce moribond d'alors, c'est » moi, monsieur, qui, sous l'impression du » triste évènement dont la nouvelle m'est » parvenue ce matin, viens manifester pu- » bliquement ma reconnaissance, en procla- » mant que c'est à la bienfaisance de Mon- » seigneur l'archevêque de Paris qu'un *écri-* » *vain patriote* a dû son retour au repos et à » la santé.

» Veuillez agréer, etc.

GALLY,

Homme de lettres, rue des Forges, 3.

Paris, le 1er janvier 1840.

EXTRAIT DU MANDEMENT

DE MM. LES

VICAIRES GÉNÉRAUX CAPITULAIRES

SUR LA MORT

DE Mgr. L'ARCHEVÊQUE DE PARIS.

Lorsque, la fortune de la France qui avait subjugué l'Europe chancela à son tour sous le poids de ses nombreux ennemis, le jeune abbé de Quélen, de Catéchiste des enfans devint le consolateur de nos guerriers. Il s'approche de leurs membres glorieusement mutilés, et sans redouter la contagion dont ils sont atteints, il dit comme Judas Machabée: « A Dieu ne plaise que je veuille épargner

» ma vie tant que nous serons dans l'afflic-
» tion ; je ne suis pas meilleur que mes
» frères. »

Appelé plus tard à l'administration d'un Diocèse le plus important et le plus difficile du monde chrétien, chargé à certaines époques des intérêts de l'Eglise de France, s'il ne fut pas toujours heureux dans le choix des moyens, chose si difficile au milieu d'une société où depuis un demi-siècle les plus sages ont hésité dans leurs voies, il fut du moins constamment animé d'un amour sincère du bien, il obéit toujours à la droiture de son cœur, à un zèle ardent pour la gloire de Dieu.

Pendant que le terrible fléau du choléra désolait toutes les familles, nouveau Charles Borromée, il franchit le seuil de nos hôpitaux, et nous avons appris d'un témoin oculaire, qu'on le vit, avec un double sentiment d'épouvante et d'attendrissement, porter dans ses bras des malheureux atteints du mal inexorable. Vous savez tous, N. T. C. F., que sa maison de campagne, seule ruine qui lui restait, fut disposée pour recevoir les cholériques, mourant heureux parce qu'il les soigne et les bénit.

Peu satisfait de ces soins héroïques et passagers, il les étend dans l'avenir. Consolez-vous, malheureux Orphelins, vous avez perdu les auteurs de vos jours, il vous reste dans votre Archevêque un protecteur, un père, ou plutôt une mère. A sa voix, Paris entier s'émeut et commence cette œuvre si digne de saint-Vincent de Paul, sous le patronage duquel elle a été placée. Depuis ce temps, un nombre toujours croissant d'enfans abandonnés sont élevés avec une charité digne de Dieu qui l'inspire, utile pour eux et pour la patrie. Pauvres enfans, il vous faut encore du pain et des soins, et celui qui vous en donnait avec tant d'assiduité et de tendresse, n'est plus ! *Parvuli petierunt panem, et non erat qui frangeret eis.* Consolez-vous, sa sagesse a si bien disposé toutes choses, que les généreux collaborateurs de son œuvre la poursuivront avec d'autant plus de zèle et de piété, que la douceur de son souvenir et la tristesse causée par son absence seront comme une touchante exhortation sortie de son tombeau, qui perpétuera au milieu d'eux les saintes sollicitudes de sa charité : *et defunctus adhuc loquetur.*

Il fallait pour faire briller toutes les vertus de l'Archevêque de Paris, l'épreuve d'une longue et douloureuse maladie. Cette croix ne lui a pas manqué ; mais sa fermeté, sa patience, sa sérénité ont été plus grandes que ses douleurs. Ce n'est point en l'étreignant tout-à-coup dans ses mains glacées que la mort lui a ôté le sentiment des souffrances ; il s'est vu, comme le prophète, assiégé par cet implacable ennemi. L'ame courageus de l'Archevêque a pu compter ses approches, ses assauts, ses retraites simulées ; il a vu l'impuissance des secours qui lui étaient opposés, et il n'a jamais été troublé par tant et de si cruelles alternatives d'espérances vaines et de dangers trop certains. Son ame pure et bénigne s'est envolée de cette vallée de combats et de larmes. Doux envers tous, il l'a été envers la mort elle-même. Ah ! si tous les habitans de cette vaste Capitale avaient pu voir comment il accueillait celle que repousse invinciblement le sentiment de notre nature, que d'erreurs sur son noble caractère auraient été dissipées !

AVIS.

A dater du Dimanche, 5 janvier, le corps du Pontife défunt sera exposé dans la Chapelle ardente, préparée à cet effet dans l'Eglise métropolitaine, derrière le chœur.

Ce jour, le Chapitre et le Clergé de la paroisse Notre-Dame jetteront de l'eau bénite sur le corps de Mgr. l'Archevêque.

Les autres paroisses de Paris prendront les jours et heures ci-après indiqués pour venir à Notre-Dame remplir ce même devoir.

Le Lundi 6 *janvier*.

A huit heures. — La Madeleine.

A huit heures et demie. — St.-Louis d'Antin.

A neuf heures. — Saint-Philippe du Roule.

A neuf h. et demie. — St.-Pierre de Chaillot.

A onze heures. — Saint-Roch.

A onze h. et demie. — N.-Dame des Victoires.

A midi. — Notre-Dame de Lorrette.

A midi et demi. — Saint-Eustache.

A une heure. — Saint-Louis des Invalides.

A une h. et d. — N.-D. de Bonne-Nouvelle.

A trois h. et d. — St.-Germain-l'Auxerrois.

A quatre h. — St.-Gervais et St.-Louis-en-l'Ile.

Le Mardi 7 janvier.

A huit heures. — Saint-Nicolas des Champs.

A huit h. et d. — Saint-Vincent de Paul.

A neuf heures. — Saint-Leu.

A neuf heures et d. — Sainte-Elisabeth.

A onze heures. — Saint-Laurent.

A onze h. et d. — N.-D. des Blancs-Manteaux.

A midi. — Saint-Jean-Saint-François.

A midi et d.— St.-Denis du St.-Sacrement.

A une heure. — Sainte-Marguerite.

A une heure et demie.— Saint-Antoine.

A trois h. et d. — St.-Ambr. de Popincourt.

A quatre heures.— Saint-Merri.

Le Mercredi 8 janvier.

A huit heures. — Saint-Paul-Saint-Louis.

A huit h. et d. — Saint-Thomas-d'Aquin.

A neuf h.— N.-Dame de l'Abbaye-aux-Bois.

A neuf h. et d. — Les Missions-Etrangères.

A onze heures. — Sainte-Valère.

A onze heures et demie.— Saint-Médard.

A midi. — Saint-Germain des Prés.

A midi et demi. — Saint-Etienne du Mont.

A une heure. — St.-Nicolas du Chardonnet.

A une h. et d.— St.-Jacques du Haut-Pas.

A trois heures et demie.— Saint Sulpice.

A quatre heures. — Saint-Séverin.

Les service et enterrement auront lieu le jeudi 9 janvier, à dix heures précises, en l'Eglise métropolitaine.

Mgr. de Quélen n'ayant pas laissé de quoi pourvoir aux frais de sa sépulture, la munificence du roi a mis à la disposition du Chapitre une somme de 12,000 fr. prise pour cet objet sur ses deniers personnels.

www.ingramcontent.com/pod-product-compliance
Ingram Content Group UK Ltd.
Pitfield, Milton Keynes, MK11 3LW, UK
UKHW020427220726
13923UKWH00005B/2135